Alex Kurz Rolf Sutter

… DENN DU BIST BEI MIR

Gedanken zu Psalm 23 in schweren Zeiten

UND GOTT SCHEINT ZU SCHWEIGEN

Es gibt sie, die guten Lebenszeiten, in denen unser Dasein schön ist und leicht fällt.
Und es gibt Zeiten, in denen wir Leid und Trauer erfahren,
in denen unser Herz schwer ist und die Tränen fliessen.

Ein lieber Mensch hat uns verlassen, Träume zerbrechen, Hoffnungen zerschlagen sich.
Was uns früher hell und klar leuchtete, wird nun von Dunklem überschattet und von Schwerem belastet.
In uns steigt die Angst auf, dass wir nie mehr unbeschwert und glücklich sein werden,
das dunkle Tal nie mehr verlassen können.

Und Gott scheint zu schweigen. Es ist, als wäre er gegen uns.
Wir fragen uns, was wir falsch gemacht haben.
Wieso mutet er uns zu, was wir tragen müssen?
Warum lässt er uns scheinbar allein?

DER HERR IST MEIN HIRTE, MIR WIRD NICHTS MANGELN

Der Herr ist mein Hirte, mir wird nichts mangeln.
Er weidet mich auf einer grünen Aue und führt mich zum frischen Wasser.

So war es. Wir fühlten uns geschützt und versorgt.
Immer war in unserem Dasein das Rechte zur rechten Zeit da.
Fehlte es uns an etwas, suchten und fanden wir es.
Früher oder später.

Vielleicht brachten wir die geheimnisvollen Fügungen in unseren Alltagen
gar nicht mit Gott in Verbindung – es war einfach, als ob uns ein gutes Schicksal beschieden sei.
Unser Dasein war wie das Leben auf einer grossen, grünen Weide.
Wir wurden satt an dem, was wir hatten und erfrischten uns an dem, was uns das Leben bescherte.

ER FÜHRT MICH AUF RECHTER STRASSE

Er erquickt meine Seele. Er führt mich auf rechter Strasse um seines Namens willen.

Eine andere deutsche Bibelübersetzung übersetzt den ersten Satz des Verses: „Er stillt mein Verlangen". Unsere Seele braucht Nahrung, Stillung und das Gefühl, auf dem rechten Weg zu sein.

Nicht zufällig weist der Verfasser des 23. Psalms in diesem Zusammenhang auf den Gottesnamen hin. In vielen hebräischen Texten der Bibel heisst Gott „Jahwe". Das bedeutet „Ich bin es", aber auch „Ich bin da" und zugleich „Ich werde da sein". Zwischen der Gegenwart und der Zukunft gibt es eine Verbindung: Es ist Gott, der immer schon da ist, wo wir sind, Gott, der auf uns wartet, wo immer wir hinkommen.

DENN DU BIST BEI MIR

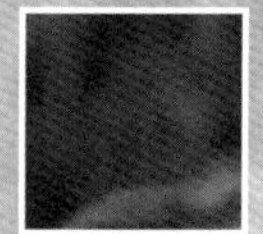

Und ob ich schon wanderte im finsteren Tal, fürchte ich kein Unglück, denn du bist bei mir.

Eines Tages wird unser Weg auch ins finstere Tal führen. Das ist fast in jedem Leben so.
Plötzlich ist es dunkel um uns, dunkel auch in uns.
Wir stecken fest, wissen nicht mehr, wo wir stehen, und wie wir wieder ans Licht kommen – oder wie das Licht wieder zu uns kommt. Angst und Trauer befallen uns.

Es ist jene Stelle, wo die Anrede in unserem Psalmtext sich ändert vom Er zum Du.
Bis dahin war Gott einfach ein Begriff, mehr oder weniger Bestandteil unseres Lebens.
Das dunkle Tal hingegen bringt uns zum Grundsätzlichen: Gott will zu einem Du werden.
Zu einem Gegenüber, dem wir uns mitteilen. Der Wechsel von Gott, den wir nur erahnen, zu Gott, den wir persönlich anrufen, kann in schweren Zeiten zur inneren Wende werden.

DEIN STECKEN UND STAB TRÖSTEN MICH

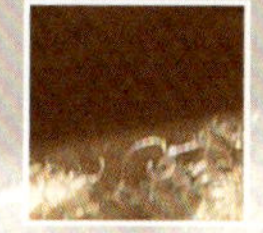

Dein Stecken und Stab trösten mich.

Vorher war uns die Vorstellung zuwider, von einem göttlichen Stecken und Stab geführt zu werden. Wir wollten frei sein und betrachteten Gottes Gebote und Weisungen als eine Zumutung, als Einschränkung unseres Lebens. Der Gedanke, dass Gott Ansprüche an uns stellt und uns eine Richtung vorgeben will, missfiel uns.

Im dunklen Tal hingegen erfahren wir Gottes Wort als Orientierungshilfe und Trost. Verse der Bibel sprechen uns neu an, und wir erleben sie nicht mehr als Bevormundung. Gott führt uns durch schwere Zeiten hindurch. In dieser Erfahrung liegt der Trost der biblischen Botschaft.

DU BEREITEST VOR MIR EINEN TISCH

Du bereitest vor mir einen Tisch im Angesicht meiner Feinde.

Gott mutet uns Schweres und Lebensfeidliches zu, um uns darin neu zu begegnen. Es wäre jedoch falsch, anzunehmen, alle Probleme lösten sich auf, sobald wir ihn darum bitten. Manchmal sind es lediglich (aber immerhin) Ruheplätze auf Zeit, die Gott uns bereithält ... Orte, an denen wir uns stärken können: seelsorgerliche Gespräche, Gottesdienste, Atempausen. Es gibt geschenkte Augenblicke der Erholung, die uns helfen, uns dem weiteren Geschehen tapfer zu stellen.

Wenn wir sie nicht gering achten, werden wir die Kraft erfahren, die in ihnen liegt.

DU SALBST MEIN HAUPT

Du salbst mein Haupt mit Öl und schenkst mir voll ein.

In früheren Zeiten wurden Könige mit Öl gesalbt. Es war ein Zeichen der Ehre, ebenso wie ein voll eingeschenkter Becher. Menschen können uns oft nur schwer trösten. Sie leiden unter unserer Traurigkeit und wollen, dass es uns bald wieder besser geht.

Gott aber hilft uns, das Schwere als eine Aufgabe zu begreifen, an der wir reifen sollen. Aufgaben machen unser Dasein anspruchsvoll und bereichern es langfristig. Alle Widrigkeiten des Lebens auszustehen, hat etwas Königliches. Gott würdigt uns in unserem Schmerz und steht uns geduldig bei.

GUTES UND BARMHERZIGKEIT

Gutes und Barmherzigkeit werden mir folgen mein Leben lang.

Irgendwann ist jedes dunkle Tal durchschritten. Auf uns warten neue Freude und neues Glück. Sie werden uns mehr bedeuten als zuvor, denn wir wissen nun, dass sie nicht selbstverständlich sind. Dankbar nehmen wir an, dass wir leben dürfen, dass seelische Wunden heilen, dass sich unsere Angst im Vertrauen auf Gott allmählich gelöst hat.

Wir werden nicht vergessen, dass es ein Leben ausserhalb der Komfortzone gibt. Wir werden uns aber auch daran erinnern, was sich im Schweren als tragfähig erwiesen hat.

UND ICH WERDE BLEIBEN

Und ich werde bleiben im Hause des Herrn immerdar.

Der Begriff immerdar bedeutet wörtlich: für die Länge meines Lebens. Es geht in den biblischen Worten eben nicht nur um eine Vertröstung aufs Jenseits. Glaube bewährt sich bereits hier auf Erden.

Tausend Jahre nach unserem Psalm nimmt Jesus das Bild des Hirten wieder auf und verlängert es in die Ewigkeit: „Ich bin der gute Hirte (...). Meine Schafe hören meine Stimme, und ich kenne sie, und sie folgen mir; und ich gebe ihnen das ewige Leben, und sie werden nimmermehr umkommen, und niemand wird sie aus meiner Hand reissen." (Jesus im Johannesevangelium, Kapitel 10)

Glaube ist das Geheimnis einer besonderen Beziehung zu Gott: Sie beginnt oft unbemerkt, klärt und bewährt sich in schwierigen Zeiten und lässt uns schliesslich durch Jesus Christus hoffnungsvoll auf ein ewiges Zuhause hin leben.

7 Gute Gedanken für den Weg durch schwere Zeiten

1 *Trauern braucht Zeit. Lassen Sie es zu. Nehmen Sie sich selbst ernst, und verschaffen Sie sich, was Sie brauchen.*

2 *Suchen Sie aber auch nach Tätigkeiten, mit denen Sie sich vom Trauern zeitweise etwas ablenken und erholen können.*

3 *Suchen Sie sich Menschen, die Ihnen gut tun. Legen Sie Kontakte auf Eis, die Ihnen zusätzliche Kräfte rauben.*

4 *Nehmen Sie wahr, was Sie beschäftigt und umtreibt. Verfassen Sie z.B. ein Trauer-Tagebuch, zeichnen oder malen Sie, machen Sie Spaziergänge.*

5 *Machen Sie Ihr Herz zum Gebetbuch: Lesen Sie Gott Passagen daraus vor.*

6 *Lesen und meditieren Sie Texte, die sich auch für andere Menschen in schweren Zeiten bewährt haben. Eine Auswahl an solchen Texten aus der Bibel finden Sie am Schluss dieses Büchleins.*

7 *Die Zeit wird kommen, Ihren Kummer in Gottes Hand hinein loszulassen und neue Wege zu gehen. Ein Seelsorger oder eine Seelsorgerin kann Ihnen helfen Ihre Trauer weder zu verdrängen, noch darin zu versinken. Wenden Sie sich an Ihr Pfarramt oder an eine Beratungsstelle.*

Hilfreiche Verse aus der Bibel:

Gott spricht: Fürchte dich nicht, denn ich habe dich erlöst; ich habe dich bei deinem Namen gerufen; du bist mein! Wenn du durch Wasser gehst, will ich bei dir sein, dass dich die Ströme nicht ertränken sollen; und wenn du ins Feuer gehst, sollst du nicht brennen, und die Flamme soll dich nicht versengen.
Jesaja 43, 1–2

Jesus spricht: Bittet, so wird euch gegeben; suchet, so werdet ihr finden; klopfet an, so wird euch aufgetan. Denn wer da bittet, der empfängt; und wer da sucht, der findet; und wer da anklopft, dem wird aufgetan.
Matthäus 7, 7–8

Jesus spricht: Kommt her zu mir, alle, die ihr mühselig und beladen seid; ich will euch erquicken. Nehmt auf euch mein Joch und lernt von mir; denn ich bin sanftmütig und von Herzen demütig; so werdet ihr Ruhe finden für eure Seelen. Denn mein Joch ist sanft, und meine Last ist leicht.
Matthäus 11, 28–30

Jesus spricht: Ich bin das Licht der Welt. Wer mir nachfolgt, der wird nicht wandeln in der Finsternis, sondern wird das Licht des Lebens haben.
Johannes 8, 12

Jesus spricht: Ich bin bei euch alle Tage bis an der Welt Ende.
Matthäus 28, 20

Gott spricht: Lass dir an meiner Gnade genügen; denn meine Kraft ist in den Schwachen mächtig.
2. Korinther 12, 9

Ich vermag alles durch den, der mich mächtig macht, Christus.
Philipper 4, 13

Alle eure Sorge werft auf Gott; denn er sorgt für euch.
1. Petrus 5, 7

Längere Texte:

Psalm 22; Psalm 23; Psalm 90; Psalm 91; Psalm 139

Matthäus, 6, 25–34; Römer 8, 31–39; 1. Korinther 15, 35–58

Text und Konzept
Alex Kurz, Rohrbach

Satz, Layout und Bilder
Rolf Sutter, Huttwil

Bibliografische Informationen der Deutschen Nationalbibliothek
Die Deutsche Nationalbibliothek verzeichnet diese Publikation in der Deutschen Nationalbibliografie; detaillierte bibliografische Daten sind im Internet über http://dnb.dnb.de abrufbar.

Bibeltexte nach Lutherbibel, revidierter Text 1984, durchgesehene Ausgabe,
© 1999 Deutsche Bibelgesellschaft, Stuttgart

Druck
Rosch Buch GmbH, Scheßlitz

ISBN 978-3-290-17868-0
© 2016 Theologischer Verlag Zürich

Alle Rechte vorbehalten.